BEI GRIN MACHT SICH IHR
WISSEN BEZAHLT

- Wir veröffentlichen Ihre Hausarbeit,
  Bachelor- und Masterarbeit

- Ihr eigenes eBook und Buch -
  weltweit in allen wichtigen Shops

- Verdienen Sie an jedem Verkauf

Jetzt bei www.GRIN.com hochladen und kostenlos publizieren

Bibliografische Information der Deutschen Nationalbibliothek:

Die Deutsche Bibliothek verzeichnet diese Publikation in der Deutschen National-
bibliografie; detaillierte bibliografische Daten sind im Internet über http://dnb.d-
nb.de/ abrufbar.

Impressum:

Copyright © 2014 GRIN Verlag
Druck und Bindung: Books on Demand GmbH, Norderstedt Germany
ISBN: 9783346023056

Dieses Buch bei GRIN:

https://www.grin.com/document/498947

André Bakemeier

Eine Schule für Alle. Kann Inklusion in der Schule umgesetzt werden?

GRIN Verlag

GRIN - Your knowledge has value

Der GRIN Verlag publiziert seit 1998 wissenschaftliche Arbeiten von Studenten, Hochschullehrern und anderen Akademikern als eBook und gedrucktes Buch. Die Verlagswebsite www.grin.com ist die ideale Plattform zur Veröffentlichung von Hausarbeiten, Abschlussarbeiten, wissenschaftlichen Aufsätzen, Dissertationen und Fachbüchern.

Besuchen Sie uns im Internet:

http://www.grin.com/

http://www.facebook.com/grincom

http://www.twitter.com/grin_com

Fachbereich Sozialwesen

- Eine Schule für Alle -
Kann Inklusion in der Schule
umgesetzt werden?

bearbeitet von

André Bakemeier

Inhaltsverzeichnis

1. Einleitung

Das Thema Inklusion ist, obwohl schon seit mehreren Jahren auf der politischen Tagesordnung, immer noch hochaktuell. Gesellschaftlich wird es ebenso sehr kontrovers diskutiert. Geschichtlich gesehen ist es meines Erachtens, vor allem im Hinblick auf Bildung und Schule, geradezu bahnbrechend. Die praktische Umsetzung des Inklusionsgedankens stellt meiner Meinung nach auch bisherige pädagogische Konzepte auf den Kopf und verlangt von vielen Menschen in unserer Gesellschaft, auch von pädagogischen Fachkräften, ein Umdenken bezüglich des eigenen Menschenbildes.

Seit nunmehr zwei Jahrzehnten bin ich in Einrichtungen tätig, in denen ich beruflich mit Kindern, Jugendlichen und Erwachsenen arbeite, deren Lebensführung durch eine geistige, körperliche oder seelische Beeinträchtigung behindert war und/oder ist. Die meiste Zeit meiner beruflichen Tätigkeit habe ich in vorschulischen und schulischen Bildungseinrichtungen verbracht. Die letzten fünf Jahre bin ich an einer Förderschule mit den Schwerpunkten Lernen und Körperliche/Motorische Entwicklung tätig.

Gerade durch diesen hautnahen praktischen Bezug beschäftigt und bewegt mich das Thema Inklusion sehr. Obwohl ich an einer Förderschule tätig bin, halte ich deren Bestehen für fragwürdig. Ich habe die Hoffnung, dass sich der inklusive Gedanke immer mehr in unseren Bildungseinrichtungen durchsetzen kann und früher oder später somit Förderschulen überflüssig werden.

In meiner Ausarbeitung werde ich neben der Darstellung der Entwicklung der Institution Schule in Deutschland, der gesetzlichen Grundlage bezüglich inklusiver Bildung, auch den Integrations- und den Inklusionsgedanken gegenüberstellen und versuchen deutlich zu machen das der Inklusionsgedanke bildungsspezifisch weitreichendere Folgen hat als eine schulische Integration. Danach werde ich der Frage nachgehen, unter welchen Bedingungen eine Schule als inklusiv bezeichnet werden kann.

2. Sonderpädagogische Schulentwicklung in Deutschland

Zum Einstieg in das Thema und zum besseren Verständnis der Problematik werde ich, da sich die Integrations- wie auch später die Inklusionsbewegung in kritischer Auseinandersetzung mit sonderpädagogischen Denkweisen und Organisationen konstituierten, nach Quack/Schmidt (2013) Grundfiguren ebendieser skizzieren.

Schon ab Mitte des 19. Jahrhunderts wurde darüber nachgedacht, wie, mit als lernschwach bezeichneten Kindern, verfahren werden sollte. Um alle Kinder zu nützlichen Arbeitskräften und Staatsbürgern und -bürgerinnen auszubilden zu können, wurden ihnen seit 1880 in den Volksschulen die Grundlagen des Lesens und Schreibens, der sittlich-religiösen Bildung und des Rechnens vermittelt.

Natürlich gab es an diesen Volksschulen auch Kinder, die dadurch, dass sie die Lerninhalte nicht ausreichend erfassen konnten, die Leistungsentwicklung der anderen Kinder zu stören drohten. Um einerseits die Lehrkräfte an den Volksschulen vom Mehraufwand durch die leistungsschwacheren Kinder zu entlasten und andererseits auch diesen Kinder noch die Chance zu geben zu nützlichen Mitgliedern der Gesellschaft heranreifen zu können, wurden ab 1848 die sogenannten „Hilfsschulen für schwachbefähigte Kinder" eingerichtet. Mit Hilfe angepasster Methoden und eines anspruchsreduzierten Curriculums sollten auch diese leistungsschwachen Schülern und Schülerinnen, noch die Bildungsziele erreichen können, um sie auch damit zur Teilhabe an der Gesellschaft zu befähigen.
Seitdem prägten und prägen viele (sonder) pädagogische Konzepte und Institutionen die Auffassungen, dass einerseits in homogeneren Klassen effektiver gelernt werden kann und andererseits Leistungsschwächere die Leistungsstärkeren beim Lernen behindern und das die Schwächeren durch den Leistungsvorsprung der Anderen entmutigt werden könnten.

Die Homogenisierung von Lerngruppen hatte zur Folge, dass das Bildungssystem immer mehr ausdifferenziert wurde. Vom Bildungssystem wurde auf jeden besonderen Bedarf, entweder hinsichtlich einer Sinnesschädigung (Hören, Sehen) oder einer Entwicklungsbeeinträchtigung bezüglich der Motorik, Sprache, Kognition oder Emotionalität mit speziellen Lernangeboten reagiert.

So entstand in Deutschland eine sehr spezialisierte und hochprofessionelle Sonderpädagogik mit entsprechender institutioneller Ausdifferenzierung. Dies führte dazu, dass es hierzulande sieben verschiedene sonderpädagogische Kategorien mit entsprechenden Lehrstühlen und Förderschulen gibt. Viele Kinder mit Behinderungen profitierten und profitieren von dieser hochprofessionellen und ausdifferenzierten Sonderpädagogik. Im Besonderen diejenigen Kinder mit schweren und mehrfachen Behinderungen, welche zwischen 1938 und 1966 als „nichtbildbar" vom Schulbesuch ausgeschlossen waren.

Aber bereits in den frühen 1970er Jahren setzen sich insbesondere Eltern von Kindern mit Behinderungen, dafür ein, dass ihre Kinder in ihrem natürlichen sozialen Umfeld bleiben und mit Kindern ohne Behinderungen gemeinsam in integrativen Kindergärten und Integrationsklassen und –schulen lernen konnten. Sie waren der Ansicht, dass diese spezialisierte Sonderpädagogik zu Ausgrenzungen und Stigmatisierungen bei ihren Kindern führte. Der Integrationsgedanke in Deutschland verbreitete und etablierte sich unter dem beharrlichen Druck der Integrationsbewegung immer mehr und hielt auch sukzessiv Einzug in die Schulgesetze. Integrativ konnte aber ein Kind nur beschult werden, wenn ein entsprechender Platz in einer Regelschule zur Verfügung stand und keine Mehrkosten dadurch entstanden. Auch musste der besondere Förderbedarf erst attestiert werden. Es bestand auch kein rechtlicher Anspruch auf integrative Beschulung und diese konnte daher ebenso wenig eingeklagt werden.

International wirkte die Salamanca – Erklärung von 1994, welche für alle Kinder, unabhängig von ihren unterschiedlichen Ressourcen, eine ausnahmslose gemeinsame Beschulung in Regelschulen zum Ziel hatte, wie eine Initialzündung. Anders in Deutschland, wo die Integrationsbewegung etwas an Fahrt verlor. Ein Grund dafür mag sicherlich auch gewesen sein, dass durch den mühseligen Kampf für die Integration einzelner Kinder, die grundlegende Perspektive der Integrationsbewegung als Schulreformbewegung aus dem Blick geraten war.

Erst durch die UN-Behindertenrechtskonvention 2006 (kurz UN-BRK) sollte der Begriff „Inklusion", welcher nun auch als Kritik an der Praxis der schulischen Integration gebraucht wurde, auch in der BRD an Bedeutung gewinnen.

3. Integration vs. Inklusion

Nicht selten ist in der Öffentlichkeit, seit dem Inkrafttreten der UN-BRK, und oft auch in der Kombination oder auch als Ergänzung zum seit Jahren gängigen Wort der Integration, der bereits o.g. Begriff der Inklusion zu hören.

Die Unterscheidung der Begriffe Integration und Inklusion sorgte und sorgt aber in breiten Teilen der Bevölkerung, und auch in pädagogischen Fachkreisen immer noch für Unklarheit und Verwirrung. Dies mag vielleicht auch ein Grund dafür gewesen sein, warum aufgrund einer Entscheidung der Kultusministerkonferenz in der offiziellen deutschen Fassung der UN-BRK der Begriff *inclusive education system* anstatt als inklusives Bildungssystem, als *integratives Bildungssystem* ins Deutsche übersetzt wurde (Demmler 2008: In: Prengel 2010:17) und das wiederrum führt nach Meinung von Reich (2012) dazu, dass der eigentliche Kerngedanke von inklusiver Bildung, dass niemand ausgeschlossen werden darf und die Bringschuld für Inklusion auf der staatlichen Seite liegt, durch die „falsche" Übersetzung nämlich dahingehend umgekehrt wurde, dass das Individuum mit Behinderung sich in die „Normalgruppe" integrieren soll. (vgl. Reich 2012:36)

Bei dem Begriff Inklusion handelt es sich aber nicht einfach nur um den Austausch eines Schlagwortes durch ein anderes: „Integration und Inklusion bezeichnen vielmehr zwei sich grundlegend unterscheidende sozialpolitische Konzepte und stehen für unterschiedliche Sichtweisen auf die Gesellschaft" (vgl. inklusion-schule).

Bei einer Integration wird davon ausgegangen, dass eine Gesellschaft aus einer relativ homogenen Mehrheitsgruppe und einer kleineren Außengruppe besteht, welche in das bestehende System integriert werden soll.

Die Inklusion hingegen stellt eine Abkehr von dieser Zwei-Gruppen-Theorie dar. Sie sieht alle Menschen als gleichberechtigte Individuen, die von vornherein und unabhängig von persönlichen Merkmalen oder Voraussetzungen Teil eines Ganzen sind. (vgl. ebd.)

„Das Konzept der **Integration** nimmt also bewusst Unterschiede wahr und verlangt vom Einzelnen, dass er sich an das Mehrheitssystem anpasst, um ein vollwertiges Mitglied der Gesellschaft zu sein. Die **Inklusion** dagegen ordnet unterschiedliche individuelle Eigenschaften und Voraussetzungen nicht auf einer Werteskala, sondern betrachtet die **Vielfalt und Heterogenität der Gesellschaft** als grundlegend und selbstverständlich. Hier muss sich nicht der Einzelne dem System anpassen, sondern die gesellschaftlichen Rahmenbedingungen müssen so flexibel gestaltet sein, dass sie jedem/r Einzelnen Teilhabe ermöglichen" (ebd.).

Auch Reich (2012) sieht Unterschiede zwischen den Begriffen Integration und Inklusion, und merkt an, dass „Inklusion umfassender als das [ist], was man früher mit Integration zu erreichen meinte". Denn Inklusion sei, so Reich, eben ein gesellschaftlicher Anspruch, der von einer Gesellschaft verlangt, Leistungen zu erbringen, die allen Menschen eine chancengerechte Entwicklung ermöglicht und mit denen Diskriminierungen jeglicher Art abgebaut werden können. (Reich 2013:39)

Übertragen auf Schule benennen Höchst und Masyk (2013) in ihrem Buch „Inklusion ist möglich" die Unterschiede zwischen Integration und Inklusion folgendermaßen:
„**Integration** unterscheidet bewusst zwischen Kindern mit und ohne sonder-pädagogischen Förderbedarf (Gutachten).
Inklusion hingegen geht von der Besonderheit und den individuellen Bedürfnissen aller Kinder aus.
Integration fordert die Anpassung des Kindes an die Bedingungen der Schule.
Inklusion hingegen fordert die Anpassung der Schule an die individuellen Bedürfnisse der Kinder" (Höchst/Masyk 2013:8).

Desweiteren weist Erbring (2014) darauf hin, dass die, bei einer integrativen Beschulung bewilligten personellen und materiellen Ressourcen von der Ausweisung eines sonderpädagogischen Förderbedarfs abhängig sind. Diese Ausweisung hat für das betreffende Kind aber eben nicht nur eine zusätzliche Förderung zur Folge, sondern es würde dadurch ebenso mit einer defizitorientierten Etikettierung versehen, so Erbring (vgl. Erbring:17ff) und Wocken (2014) ist der Meinung, das diese Etikettierung, der Stempel „Behinderung" nicht sein muss, überflüssig und vielleicht sogar schädlich sei. (Wocken 2014:17)

Übersichtlich und zusammenfassend zeigen die folgenden Darstellungen (graphisch/ tabellarisch) von Hinz (2014), inwiefern sich Integration und Inklusion in der schulischen Praxis unterscheiden.

Integration   Inklusion

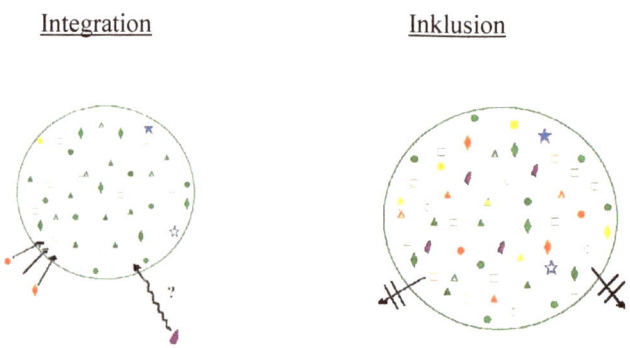

Integration	Inklusion
Eingliederung von eingeschränkten Kindern in die allgemeine Schule	Gemeinsames Leben und Lernen für alle
Differenziertes System je nach Schädigung	Umfassendes System für alle
Zwei-Gruppen-Theorie (behindert / nichtbehindert)	Theorie einer unterteilbaren heterogenen Lerngruppe
Aufnahme von Kindern mit Behinderung	Profilierung des Selbstverständnisses der Schule
Individuums zentrierter Ansatz	Systemischer Ansatz
Fixierung auf administrative Ebene	Beachtung der emotionalen, sozialen und unterrichtlichen Ebene
Ressourcen für Kinder mit besonderem Bedarf	Ressourcen für Systeme (Klassen/ Schulen)
Spezielle Förderung für behinderte Kinder	Gemeinsames und individuelles Lernen für alle
Individuelle Curricula für einzelne	ein individualisiertes Curriculum für alle
Förderpläne für Kinder mit Behinderungen	Gemeinsame Reflexion und Planung aller Beteiligten
Anliegen/Auftrag der Sonder- pädagogik	Anliegen/Auftrag von Schul-/Sonder- pädagogik
Sonderpädagogik als Unterstützung für Kinder mit Behinderungen	Sonderpädagogik als Unterstützung für Kollegen/innen und Klassen
Kontrolle durch Experten/innen	Kollegiales Problemlösen im Team

(Hinz, A. In: ibea – Integrative Berufsausbildung 2014)

4. Rechtliche Grundlagen inklusiver Bildung in der BRD

4.1 Die UN-BRK

Die UN-BRK, die international seit 2007 als völkerrechtliches Vertragswerk in Kraft ist, wurde am 26. März 2009 durch den Bundestag hier in Deutschland ratifiziert. Für die Lebenssituation von Menschen mit Behinderungen ist die Bedeutung dieser Konvention kaum zu überschätzen. Durch sie vollzieht sich ein Wechsel, weg von einer Politik der Fürsorge, hin zu einer Politik der gleichberechtigten Rechte. Für die Behindertenpolitik in Deutschland stellt die UN-BRK den neuen Rechtsrahmen dar. Die UN-BRK gibt in Bezug auf viele Politikfelder konkrete Vorgaben, die für eine Umsetzung klare Handlungsorientierungen bieten (vgl. bpb – Bundeszentrale für politische Bildung).

Artikel 24 der UN-BR Konvention benennt das Recht auf eine inklusive Bildung.

Im Wortlaut heißt es in Absatz 1: „ Die Vertragsstaaten erkennen das Recht von Menschen mit Behinderungen auf Bildung an. Um dieses Recht ohne Diskriminierung und auf der Grundlage der Chancengleichheit zu verwirklichen, gewährleisten die Vertragsstaaten ein integratives/inklusives [in der deutschen Übersetzung der UN-BRK wurde der englische Begriff „inclusive" mit integrativ übersetzt. Völkerrechtlich bindend ist jedoch die englische Fassung, die korrekt mit inklusiv zu übersetzen ist (lwl-Landschaftsverband Westfalen Lippe)] Bildungssystem auf allen Ebenen und lebenslanges Lernen mit dem Ziel,

- die menschlichen Möglichkeiten sowie das Bewusstsein der Würde und das Selbstwertgefühl des Menschen voll zur Entfaltung zu bringen und die Achtung vor Menschenrechten, den Grundfreiheiten und der menschlichen Vielfalt zu stärken;
- Menschen mit Behinderungen ihre Persönlichkeit, ihre Begabungen und ihre Kreativität sowie ihre geistigen und körperlichen Fähigkeiten voll zur Entfaltung bringen zu lassen;
- Menschen mit Behinderungen zur wirklichen Teilhabe an einer freien Gesellschaft zu befähigen."

Nach Absatz 2 bedeutet dies im Detail, dass Menschen mit Behinderungen:

- nicht vom unentgeltlichen Besuch einer Regelschule ausgeschlossen werden;

- ein Anrecht darauf haben, gleichberechtigt mit anderen an dem Ort an dem sie leben, Zugang zu integrativem und hochwertigen Unterricht zu erhalten;
- die Gewähr haben, dass mit angemessene Vorkehrungen auf ihre Bedürfnisse eingegangen wird;
- die notwendige Unterstützung bekommen, um ihnen die erfolgreiche Bildung zu erleichtern;
- individuell angepasste Maßnahmen angeboten werden, die ihnen eine bestmögliche schulische und soziale Entwicklung gestatten.

Absatz 4 fordert von den Vertragsstaaten durch geeignete Maßnahmen dafür zu sorgen, dass qualifizierte Lehrkräfte eingestellt und vorhandene Fachkräfte sowie Mitarbeitern und Mitarbeiterinnen auf allen Ebenen des Bildungswesens dahingehend geschult werden können, dass deren Bewusstsein für Behinderungen und für „die Verwendung geeigneter ergänzender und alternativer Formen, Mittel und Formate der Kommunikation sowie pädagogischer Verfahren und Materialien zur Unterstützung von Menschen mit Behinderungen" gestärkt wird.

Der fünfte Abschnitt des Artikels 24 der UN-BRK beinhaltet abschließend folgende Forderung: „Die Vertragsstaaten stellen sicher, dass Menschen mit Behinderungen ohne Diskriminierung und gleichberechtigt mit anderem Zugang zu allgemeiner Hochschulbildung, Berufsausbildung, Erwachsenenbildung und lebenslangem Lernen haben. Zu diesem Zweck stellen die Vertragsstaaten sicher, dass für Menschen mit Behinderungen angemessene Vorkehrungen getroffen werden" (vgl. lwl-Landschaftsverband Westfalen Lippe).

Demnach haben im Besonderen alle Kinder und Jugendliche ein Recht darauf, gemeinsam zu lernen und diskriminierungsfrei eine wohnortsnahe Regelschule besuchen zu können. Ebenso wird deutlich, dass Bildung die Chance bietet, die Achtung vor der menschlichen Vielfalt zu stärken.

Auch werden in Artikel 24 der UN-BRK die staatlichen Verpflichtungen bezüglich des Bildungswesens, die durch die Ratifizierung der UN-BRK entstanden sind, konkretisiert. Für die praktische Umsetzung der Konvention ist der Fakt von immenser Bedeutung, der die Vertragsstaaten verpflichtet, schrittweise ein inklusives Bildungssystem aufzubauen und zu unterhalten, weil davon ausgegangen wird, dass nur in einem inklusiven System das Recht auf Bildung gewährleistet werden kann (vgl. bpb- Bundeszentale für politische Bildung).

4.2 Das Niedersächsische Schulgesetz (NSchG)

Nach der Ratifizierung der UN-BRK in Deutschland im Jahre 2009 wurden durch die zuständigen Kultusministerien der Bundesländer die Vorgaben der UN-BRK in die jeweiligen Schulgesetze eingearbeitet.

Da ich im Bundesland Niedersachen wohnhaft und berufstätig bin, beziehe ich mich exemplarisch nur auf das Schulgesetz dieses Bundeslandes.

Am 20.03.2012 wurde vom niedersächsischen Landtag das Gesetz zur Einführung der inklusiven Schule verabschiedet.

In einem Informationsschreiben des niedersächsischen Kultusministeriums zur Einführung der inklusiven Schule, für die kommunalen Schulträger heißt hierzu wie folgt:

„Mit dem Gesetz wird das Ziel verfolgt, dass in Niedersachsen Schülerinnen und Schüler mit und ohne Behinderung an jedem Lernort ihren Bedürfnissen und Ansprüchen entsprechend lernen können, die notwendige Qualität und der erforderliche Umfang an Unterstützung für alle Schülerinnen und Schüler gesichert sind, die Zusammenarbeit aller an der Förderung eines Kindes bzw. Jugendlichen beteiligten Personen und Institutionen gewährleistet ist und sonderpädagogische Bildungs-, Beratungs- und Unterstützungsangebote ein qualitativ hochwertiges gemeinsames Lernen ermöglichen" (mk – niedersachsen 2012:1).

Der Begriff der Inklusion wir in dem Schreiben des Kultusministeriums folgendermaßen erklärt: „Inklusion bedeutet die umfassende und uneingeschränkte Teilhabe jedes Einzelnen am gesellschaftlichen Leben. Dabei soll dem Menschen mit Behinderungen keine Anpassungsleistung, ein Bemühen um Integration, abverlangt werden. Das Ziel ist die aktive Teilhabe von Menschen mit Behinderungen in der Gesellschaft, indem ein barrierefreies Umfeld geschaffen wird. Das schließt ausdrücklich das Recht auf Bildung ein. Es ist zu gewährleisten, dass die notwendige und angemessene Unterstützung im jeweiligen Bildungsgang angeboten wird.

Teilhabe schließt Fürsorge nicht aus. Niemand darf sich selbst überlassen bleiben. Der Prüfstein für die Inklusion ist das Einbeziehen möglichst aller Menschen mit Behinderungen" (mk – niedersachsen 2012:3).

5. Inklusion in der Schule

Seit der Ratifizierung der UN-BRK in Deutschland ist eines klar: Schule muss und wird sich in den nächsten Jahren verändern. Die gesetzlichen Rahmenbedingungen wurden geschaffen, damit Schule neu gestaltet werden kann.

„Inklusion ist ein Menschenrecht und gehört als solches wahrgenommen" betont Prof. Dr. Jennessen und er fügt hinzu, dass Inklusion zwar ein Experiment sei und es könne aufgrund des Rechtsanspruches nicht scheitern. Seiner Ansicht nach können aber pädagogische Situationen scheitern, welche sich dann zum Nachteil für die Kinder und Jugendlichen, aber auch für die beteiligten Pädagoginnen und Pädagogen auswirken können. (vgl. Höchst/Masyk 2013:5)

Wie sieht es mit der praktischen Umsetzung von Inklusion in der Schule aus? Ist sie so einfach möglich? Welche Bedeutung haben das gesamtgesellschaftliche Bewusstsein und alte Denkmuster auf den inklusiven Prozess und welche institutionellen Voraussetzungen müssen geschaffen und erfüllt werden, damit Inklusion in der Schulbildung umgesetzt werden kann?

5.1 Gesellschaftliche Bewusstsein

Kersten Reich (2014) geht davon aus, dass unsere Gesellschaft die zunehmende Diversität mehr und mehr als Chance als denn als Übel wahrnimmt. Durch die zunehmende Globalisierung sei ein neues Bewusstsein für die Chancen, welche sich durch die Diversität auftun, entstanden.

Die steigende gesellschaftliche Annahme von menschlicher Vielfalt wird die Chance vergrößern, dass das Anders-Sein zum Normalen wird und Exkludierte zu Inkludierten werden. Als Voraussetzungen hierfür nennt Reich folgende Punkte:

- im Bildungs- und Erziehungssystem müssen durch die Gesellschaft Ressourcen und Hilfen bereitgestellt werden,

- nicht die „Fremden" oder „ Anders-Seienden" müssen sich der Gesellschaft anpassen, sondern die Gesellschaft muss ein eigenes Selbstverständnis ihrer Vielfalt entwickeln,

- ein Mindestmaß an demokratischer Orientierung und Verständigung ist von allen Gesellschaftsmitgliedern einzuhalten, einzufordern und zu leben,

- Unterschiedlichkeiten müssen respektiert und toleriert werden. (Reich 2012:35)

Reich ist der Meinung, dass sich dieses neue Bewusstsein in Bezug auf menschliche Vielfalt, wenn es sich in immer größeren Teilen der Gesellschaft ausbreitet, auch direkt auf das Lernen und Lehren und somit auf die (Schul-) Bildung auswirken wird.

5.2 Alte Denkmuster

Reichs Auffassung nach, wird der Prozess der Bewusstseinsänderung hinsichtlich gesellschaftlicher Diversität auch dazu führen, dass bezüglich Schulbildung folgende alte Denkmuster abgebaut werden bzw. werden müssen, damit Inklusion vonstattengehen kann:

- **Begabung gibt alles vor**: Begabungen sind dem Menschen angeboren und sowohl für seine gelingende oder misslingende Bildung, wie auch für seinen Erfolg verantwortlich.

  → Umdenken notwendig da: erstens die eigenen Fähigkeiten nie in aller Gänze ausgeschöpft werden und zweitens, wenn die eigenen Fähigkeiten gefördert werden, sie stets größer als das Begabungsvorurteil sind.

- **Homogene Lerngruppen sind besser**: Das frühzeitige Einsortieren in einheitliche Gruppen und das Lernen nach gleichen Interessen und Fähigkeiten, so wie im deutschen Schulsystem, führen zum schulischen Erfolg.

  → Umdenken notwendig da: erstens ist es nicht mehr die angemessene Lösung in einer diversitären Gesellschaft und zweitens hat dies im internationalen Vergleich zu schlechteren Schulleistungsergebnissen geführt.

- **Exklusion ist erfolgreich und sinnvoll**: Kinder und Jugendliche mit Behinderungen werden an Förderschulen mit qualifiziertem Personal besser ausgebildet als an Regelschulen.

  → Umdenken notwendig da: durch fehlende Anreize einer stimulierenden Lerngruppe und eines anregenden und fördernden Unterricht die

Schülerinnen und Schüler an Förderschulen *nachhaltig* schlechter ausgebildet worden sind.

- **Für die Bildung wird ohnehin schon zu viel ausgegeben**: In den letzten Jahrzehnten sind die Erziehungs- und Bildungskosten sowohl auf der staatlichen Seite wie auch in den Familien ständig gestiegen.

  → Umdenken notwendig da: parallel zum Anstieg der Bildungskosten auch das wirtschaftliche Wachstum stetig gestiegen ist und im Gegensatz zu Deutschland in vielen anderen Ländern die Bildungsausgaben in Relation zum wirtschaftlichen Wachstum insgesamt bestimmt werden.

- **Die Lehrer/innen sind schuld**: Das Ansehen der Lehrkräfte in unserem Land ist nicht besonders hoch, weil sie für die negativen Folgen des deutschen Schulsystems (viele Schulversager, der Spaß beim Lernen geht verloren, viel Soff in wenig Zeit wird vermittelt, wenig effektiv, zu geringer Lebens- und Berufsweltbezug) verantwortlich sind.

  → Umdenken notwendig da: Lamentieren alleine das Schulsystem nicht ändern kann, sondern hierfür die Lehrkräfte gezielt ausgewählt, qualifiziert und in ihrer beruflichen Entwicklung gefördert und evaluiert werden müssen. (vgl. Reich 2014:17ff)

Auch Demmer-Dieckmann (2007) sieht die Notwendigkeit eines Umdenkens in der Bildungspolitik und ist der Meinung, dass bisher „Ignoranz gegenüber [empirischen] Befunden, Sehnsucht nach Homogenität, Entsorgungsmentalität des selektiven Schulsystems, Veränderungsängste, Selbsterhaltungsbestreben der Sonderschule und struktureller Konservatismus in der Bildungspolitik, Schulverwaltung und Schule" (zit. In Erbring 2014:28) mit dazu beitragen haben, dass in der Bildungspolitik an alten Denk- und Handlungsmuster festgehalten wurde und wird.

Prengel (2010) ist der Ansicht, dass durch die Praxis der Separation von Kindern und Jugendlichen mit Behinderungen im deutschen Vorschul- und Schulwesen die „wichtige Chance, die kulturell verankerte Abwehr gegen Menschen mit Behinderungen als fremd und bedrohlich aufzulösen, nicht wahrgenommen wird" (Prengel 2010:32) und Erbring (2014) meint, dass es aber ein Trugschluss wäre zu meinen, dass „mit der Abschaffung von Förderschulen die Vorurteilsbildung und damit verbundene Benachteiligung abgebaut würden". Desweiteren ist sie der Auffassung, dass „es die Abwertung des Anders-Sein mit der Betonung der Behinderung, also die kategoriale Unterscheidung zwischen Menschen mit und Menschen ohne Behinderung [ist], welche [bisher eine grundlegende gesellschaftliche und auch schulische] Inklusion verhindert [hat]" (Erbring 2014:21).

5.3 Standards einer inklusiven Schule

Der inklusive Gedanke beinhaltet die Wertschätzung aller Menschen in einer Gemeinschaft. Mit Wertschätzung ist dabei zum einen die Interaktion der Mitglieder untereinander, wie auch die Partizipationsmöglichkeiten der Einzelnen gemeint. Die Wahrscheinlichkeit für demokratische Verhältnisse und Chancengerechtigkeit in einer Gemeinschaft ist umso höher, je größer die Unterschiede von Menschen sowie Gruppen innerhalb einer Gemeinschaft sein können. Denn erst das Erleben und das Tolerieren individueller Unterschiede sowie die freie und gleiche Entfaltung aller in ihrer Unterschiedlichkeit kennzeichnet eine inklusive Gemeinschaft. (vgl. Reich 2012:48)

Damit der inklusive Gedanke nicht nur die bloße Forderung eines Gremiums und in der Praxis ohne Wirkung bleibt, müssen nach Reich (2012:48) Standards und Regeln festgelegt und eingehalten werden, um eine inklusive Beschulung nachprüfbar gewährleisten zu können. Die allgemeinen Standards für eine inklusive Erziehung und Bildung lauten nach Reich (2014) wie folgt:

- **Ethnologische Gerechtigkeit ausüben und Antirassismus stärken** → bedeutet:
  - Unterschiede der Menschen sind kulturelle Konstrukte;
  - Vielfalt anerkennen bedeutet Ausgrenzung, Diskriminierung oder Gleichschaltung aller vermeiden;
  - die aus dem Anders-Sein entstehenden Widersprüchlichkeiten, Paradoxien und Ambivalenzen demokratisch leben und produktiv entwickeln;
  - eigene Herkunft ist für den Bildungserfolg irrelevant.

- **Geschlechtergerechtigkeit herstellen und Sexismus ausschließen** →
  bedeutet:
  - o Respekt vor der Vielfalt entwickeln und eigene Vorstellungen nicht generalisieren um Geschlechterdiskriminierungen zu vermeiden;
  - o praktizieren einer geschlechtergerechte Sprache;
  - o aktive Gleichstellungspolitik vollziehen.

- **Diversität in den sozialen Lebensformen zulassen und Diskriminierungen auch in den sexuellen Orientierungen verhindern** →
  bedeutet:
  - o Vielfalt in den Lebensformen zulassen und Homophobien verhindern;
  - o Schule muss Raum bieten für eigenständige Orientierung und zugleich   Missbrauch und Mobbing verhindern;
  - o Vorteile von Diversität müssen sichtbar gemacht und gewürdigt werden, damit Homophobien verhindert werden können;
  - o Voraussetzung für Inklusion in der Schule ist das Soziale Lernen.

- **Sozioökonomische Chancengleichheit erweitern** →
  bedeutet:
  - o der Erziehungs- und Bildungserfolg darf nicht wie bislang von der sozioökonomischen Lage dominiert werden;
  - o Entkopplung von sozialer Herkunft und Schulerfolg;
  - o herstellen von Chancengerechtigkeit durch: Ressourcenerhöhung, heterogene Lerngruppen, fächerübergreifenden Unterricht.

- **Chancengleichheit von Menschen mit Behinderungen herstellen** →
  bedeutet:
  - o Behinderungen sind Zuschreibungen aus einer angeblichen Normalität heraus und Einschränkungen in der gleichberechtigten Teilhabe;
  - o Klassifizierungen verhindern Inklusion;
  - o individuelle Bedürfnisse respektieren und aktive Vorkehrungen zu deren Wahrung treffen. (vgl. Reich 2014:31ff)

5.4 Kennzeichen einer inklusiven Schule

Worin unterscheidet sich eigentlich eine inklusive Schule von einer herkömmlichen Schule?

Reich (2014) ist der Meinung, dass sich inklusive Schulen deutlich von herkömmlichen Schulen unterscheiden. Eine inklusive ist nach Reich dadurch gekennzeichnet, dass sie in mehreren Bereichen folgende Merkmale aufweist:

- **Schule und Kommune**
    - Schule ist Anlaufstelle bei Inklusionsfragen und hilft im Einzelfall.
    - In das lokale kommunale Netzwerk ist die Schule eingebunden.
    - In die Schule kommen wohnortnahe gemeinnützige Organisationen.
    - Auf lokaler Ebene arbeiten Schülerfirmen und –genossenschaften.
    - Bei Schulprojekten und Schulveranstaltungen engagieren sich Eltern, Nachbarn und Interessierte.
    - Schülerinnen und Schüler beteiligen sich an lokalen Projekten.
    - Öffentlichkeitsarbeit auf lokaler Ebene bezüglich der Bedeutung von Inklusion.
    - Schule öffnet sich nach außen – bietet Räume zur Nutzung für die Kommune bzw. den Stadtteil an.
    - …

- **Schulleben**
    - Es werden keine speziellen Lerngruppen ausgegliedert.
    - Barriere freie Schule.
    - Die Lehrenden sind als Team organisiert und immer in Schülerinnen- und Schülernähe.
    - Klare Zuständigkeiten bei Hilfebedarf.
    - Wertschätzende, freundliche und aufmerksame Atmosphäre.
    - Lernräume können multifunktional genutzt werden.
    - Es gibt offene Lernbereiche mit Fachräumen, Mensa und Selbstlernzentrum.
    - …

- **Inklusive Lernlandschaft**
  - Es gibt keine zugeteilten Klassenzimmer mehr.
  - Unterschiedliche Lernbereiche mit multifunktionalen Räumen für kleinere und größere Gruppen.
  - Für ungestörte Feedbacks sind Besprechungsräume vorhanden.
  - Es gibt Therapieräume für besondere Bedürfnisse.
  - Arbeitsbereiche sind nicht starr sondern flexibel nutz- und gestaltbar.
  - Im Unterricht gibt es hohe fachübergreifende Anteile.
  - Profession der Lehrenden, hierzu gehören auch Sprachtherapeuten, Heilpädagogen, Schulpsychologen, Schulsozialarbeiter u.a., ist auf den ersten Blick nicht erkennbar.
  - …

    (vgl. Reich 2014:42ff)

Quack/Schmidt (2013) vertreten bezüglich bezüglich der Merkmale einer inklusiven Schule die Meinung, dass Lernstrukturen in einer Schule, erst dann als inklusiv zu sehen sind „wenn keine Einteilung der Lerngruppe in Untergruppierungen mit der Zuordnung von Kindern nach Behinderungsarten, Geschlecht, Migrationshintergrund o.ä. vorgenommen wird" (Quack/Schmidt 2013:33). Eine inklusive Schule sei ein Ort des Lernens und Lebens für alle Kinder. Ebenso weisen sie darauf hin, das inklusive Bildung so organisiert sein sollte, dass sowohl gemeinsames wie auch individuelles Lernen gewährleistet ist. (vgl. ebd.)

5.5 Der inklusive Unterricht

Wocken (2014) zeichnet, um die zentralen Dimensionen der Inklusionspädagogik zu verdeutlichen, in seiner Abhandlung zum Thema Inklusion das „Haus der Vielfalt".
Dieses Haus der Vielfalt ruht auf drei Säulen. Diese sind alle drei gleichermaßen notwendig, damit Inklusion in einer Schule auf einem tragfähigen Fundament stehen kann. Wocken ist der Ansicht, dass, wenn auch nur eine wegfällt, inklusiver Unterricht nicht möglich sei.
Die drei Säulen des „Hauses der Vielfalt" beinhalten nach Wocken folgende Indikatoren für einen gelingenden inklusiven Unterricht in einer inklusiven Schule:

- **1. Säule →** <u>**Vielfalt der Kinder**</u>
  - alle Kinder
    - unabhängig von Geschlecht, Herkunft, Behinderung, Ethnien oder Alter lernen zusammen
    - es gibt keine kategorialen Kriterien für eine Exklusion irgendwelcher Kinder
    - Kinder werden nicht gemustert, ausgemustert, ausgesucht oder angepasst

  - unausgelesene Lerngruppe
    - Lerngruppen sind nicht pädagogische konstruiert (es gibt kein Leistungsprinzip A-B-C Gruppen oder Migrantenklassen)
    - die Lerngruppen werden nicht nach besonderen Gesichtspunkten zusammengestellt → dadurch werden eine natürliche Heterogenität und größtmögliche Anregungen für die Schülerinnen und Schüler gewährleistet
  - ungeteilte Lerngruppe
    - der Inklusionsgedanke bestreitet die Existenz von Menschen mit und Menschen ohne Behinderung
    - Zwei-Gruppen-Theorie wird zugunsten der Theorie einer heterogenen Gruppe aufgehoben
    - Anerkennung der Vielfalt (nonkategoriale, namenlose Verschiedenheit)
    - Ressourcen sind für heterogene Lerngruppe und heterogene Systeme da und nicht mehr für bestimmte Personen

- **2. Säule →** <u>**Dimension des Unterrichts**</u>
  - allgemeine Bildung
    - eine Schule für alle vermittelt Bildung für alle
    - Zielsetzungen → allseitige Entfaltung (Entfaltung aller menschlichen Anlagen - nicht nur der kognitiven), grundlegende Bildung (für das Leben lernen um später das eigene Leben gut handeln zu können), existentielle Bildung (Selbstbestimmungs-, Mitbestimmungs- und Solidaritätsfähigkeit werden erlernt)
  - individuelles Vermögen

- verschiedene Kinder – verschiedene Lernziele (zieldifferenziertes Lernen)
- inklusiver Unterricht verlangt vom Kind das, was es leisten kann
- individuelle Fähigkeiten entfalten und eigene Persönlichkeit entwickeln
  o individuelle Bedürfnisse
    - Individualisierung der Lern- und Förderpläne
    - inhaltliche-thematische Differenzierung im Rahmen einer verbindlichen Orientierung innerhalb eines gemeinsamen Curriculums

  o vielfältige Lernprozesse
    - Lernprozesse der Schüler/innen unterscheiden sich nach: „Lerntempo und Lernzeit, nach präferierten Lernwegen, nach Lernmotiven und Lernvoraussetzungen, nach dem Ausmaß der Selbständigkeit, Selbststeuerung und Selbstreflexion" (Wocken:123)
    - Unterricht zeichnet sich durch breite Variation von Lehr- und Lernformen aus
    - Unterricht ist nicht nur ziel- und inhaltsdifferent, sondern auch wegdifferent
  o gemeinsame und differentielle Lernsituationen
    - gemeinsame und differentielle Lernsituationen werden in ein ausgewogenes Verhältnis gebracht
    - in gemeinsamen Lernsituationen lernen Schülerinnen und Schüler miteinander, voneinander und füreinander
    - unterschiedliche Schülerinnen und Schüler werden durch kooperative Methoden miteinander in Beziehung gebracht → Gemeinsamkeiten und soziale Verbundenheit herstellen
  o Nutzung förderlicher Ressourcen
    - räumliche Ressourcen → inklusiver Unterricht findet in Lernlandschaft mit verschiedenen Lernorten, individuellen Arbeitsplätzen, Ruhezonen und Stationen der Gemeinsamkeit
    - soziale Ressourcen → Installation von zeitweilig klassenübergreifenden Lernangeboten oder altersgemischten Lerngruppen → Verbesserung des sozialen und kognitiven Lernens

- kulturelle Ressourcen → nachhaltige und „autopoietische" Wirksamkeit von Ritualen wird im inklusiven Unterricht in reflektierter Form genutzt
o barrierefreie Lernprozesse
  - alle Barrieren der Umwelt, die Lernen und Teilhabe behindern, werden im inklusiven Unterricht beseitigt
  - angemessene Vorkehrungen für barrierefreie Kommunikation und Information (z.b. sprachliche Barrierefreiheit in Schulbücher und Arbeitsblätter oder Notwendigkeit von Brailleschrift oder Gebärdensprache) werden getroffen

o diskriminierende Praxen und exkludierende Selektionen
  - gleiche Achtung und Wertschätzung für alle Schülerinnen und Schüler im Lehrer-Schüler- Verhältnis wie auch im Schülerinnen/Schüler-Verhältnis
  - Bildungsungerechtigkeiten (zurückstellen bei der Einschulung, sitzenbleiben, Schulverweis, sortieren nach Schulformen, Rückstufungen) finden nicht statt
  - Abwesenheit von diskriminierenden Praxen und exkludierenden Selektionen sind unverzichtbare Gütemerkmale inklusiven Unterrichts
o entwicklungsorientierte Lernevaluation
  - der Vergleich der Schülerinnen und Schüler miteinander wird im inklusiven Unterricht eingeschränkt
  - besondere Bedeutung wird dem Prinzip der individualisierten Leistungsbewertung (Berichtszeugnisse, Portfolios) zugemessen

- **3. Säule →** **Vielfalt der Pädagogen**
o aktive Unterstützung
  - Pädagogen sind achtsam und respektvoll allen Schülerinnen und Schülern gegenüber
  - Pädagogen vertrauen auf die Selbstentfaltungskräfte der Schülerin7 des Schülers
  - die Lehrenden sind anteilnehmende Lernbegleitung und aktivieren so die Mitverantwortung des Lernenden für seinen Lernprozess

- Lernschwierigkeiten werden als eine gemeinsam zu bewältigende Aufgabe betrachtet
o Kooperation der Pädagogen
  - inklusive Klassen werden durch ein pädagogisches Team geführt
  - Unterrichtsarbeit wird gemeinsam und kooperativ durchgeführt (keine additiver Kooperation von Regel- und Sonderpädagogen)
o soziale Netzwerke
  - inklusive Schule ist Teil einer inklusiven Gemeinde
  - konzeptionell werden in inklusive Pädagogik Familie, Schule und Nachbarschaft einbezogen → sozialräumliche Vernetzung von Bildungsprozessen (vgl. Wocken 2014: 117-134)

Zusammenfassend definiert Wocken inklusiven Unterricht folgendermaßen:

Inklusiver Unterricht bedeutet,

- **dass alle Kinder**
  - einer unausgelesenen
  - und ungeteilten Lerngruppe
- **sich allgemeine Bildung**
  - nach individuellem Vermögen
  - und individuellen Bedürfnissen
  - in vielfältigen Lernprozessen
  - mit gemeinsamen und differentiellen Lernsituationen
  - unter Nutzung förderlicher Ressourcen
  - ohne behindernde Lernbarrieren und
  - ohne diskriminierende und exkludierende Praxen sowie
  - mit entwicklungsorientierter Lernevaluation

  aneignen können und zwar

- **mit aktiver Unterstützung**
  - von kooperierenden Pädagogen
  - und sozialen Netzwerken.

„Inklusion", so Wacken, „ist ein Ideal, dass immer nur in Annäherungen erreicht werden kann" (Wacken:135) und Erbring ergänzt in diesem Zusammenhang, dass Inklusion ein Prozess sei, der fortwährender Aufmerksamkeit bedarf. (vgl. Erbring 2014:23)

6. Fazit

Kann Inklusion in der Schule umgesetzt werden?

Meine Ausarbeitung hat gezeigt, dass es sehr wohl möglich ist, Inklusion in der Schule umzusetzen und sie so zu gestalten, dass sie eine Schule für Alle werden kann. Die Umsetzung der UN-BRK in die schulische Praxis wird auf Grund der geschichtlichen und gesellschaftlichen Prägung von schulischer Bildung ein langfristiger Prozess werden und er wird nachhaltig nur erfolgreich sein können, wenn zum einen Alle, an diesem Prozess Beteiligten, mit einbezogen werden und sich zum anderen die schulischen Rahmenbedingungen verändern. Es ist aber auch deutlich geworden, dass Inklusion ein gesamtgesellschaftliches Thema ist und Inklusion in der Schule nur gelingen kann, wenn Alle in der Gesellschaft ihren Beitrag dazu leisten. Es geht darum, wie Erbring so schön sagt, Barrieren abzubauen. „Barrieren im konkreten Wortsinn, also z.B. Barrieren baulicher und struktureller Art, ausgrenzende Regelungen und Abläufe; und Barrieren im Kopf, also Denk- und Verhaltensmuster, die Teilhabe verhindern" (Erbring, S. 2014: 23). Schule bleibt zugleich auf gesellschaftliche Inklusion angewiesen. Was außerhalb der Schule misslingt, wird auch in der Institution Schule nicht kompensiert werden können.

Inklusion erfordert ein Umdenken, ein sich lösen von alten Mustern. Jeden Menschen an sich, unabhängig von seinen Merkmalen, so zu akzeptieren wie er ist und ihm eine gleichberechtigte Teilhabe am gesellschaftlichen Leben und lebenslange Bildung zu ermöglichen, bedeutet Inklusion.

Zusammenfassend lässt sich sagen, dass eine Schule als inklusiv bezeichnet werden kann, wenn sie eine Schule für Alle ist. Es ist aber ebenso notwendig, dass ein Umdenken der pädagogischen Fachkräfte hinsichtlich der Gestaltung und der Struktur von Schule vonstattengeht, da diese letztendlich entscheidend mit dazu beitragen, ob Inklusion in einer Schule gelebt werden kann.

Meiner Meinung nach bietet eine inklusive Schule mit ihren schulischen Sozialisationsprozessen den Nährboden dafür, wie und ob Schülerinnen und Schüler in ihrem späteren Leben einen wertschätzenden Umgang mit Vielfalt leben können und deshalb scheint es mir umso wichtiger, alle bildungspolitischen Anstrengungen zu bündeln, damit inklusive Schule gelingen kann.

Literaturverzeichnis

Erbring, Saskia (2014): Inklusion ressourcenorientiert umsetzten. Carl Auer Verlag Heidelberg.

Höchst, Thomas/ Masyk, Thomas (2013): Inklusion ist möglich! Erfahrungen und praktische Unterrichtsbeispiele aus dem Schulalltag einer inklusiven Gesamtschule. Persen Verlag. Hamburg.

Prengel, Annedore (2010): Inklusion in der Frühpädagogik. Bildungstheoretische, empirische und pädagogische Grundlagen. Deutsches Jugendinstitut. Weiterbildungsinitiative Frühpädagogische Fachkräfte (WiFF). München.

Quack, Angela/ Schmidt, Andrea (2013): Inklusion/Exklusion. Eine multidisziplinäre Einführung. PDF – Text Download von basa-online.

Reich, Kersten (2012): Inklusion und Bildungsgerechtigkeit. Standards und Regeln zur Umsetzung einer inklusiven Schule. Beltz Verlag. Weinheim.

Reich, Kesten (2014): Inklusive Didaktik. Bausteine für eine inklusive Schule. Beltz Verlag. Weinheim.

Wocken, Hans (2014): Das Haus der Inklusion. Baustellen – Baupläne – Bausteine. Feldhaus Verlag. Hamburg.

bpb- Bundeszentrale für politische Bildung.
http://www.bpb.de/apuz/32709/behinderung-und-menschenrechte-die-un-
konvention-ueber-die-rechte-von-menschen-mit-behinderungen?p=all
[Zugriff am 17.08.2014]

ibea- Integrative Berufsausbildung
http://www.ibea.co.at/ibea.nsf/Alles/FB3942223898F7B6C12571D500348056/$file/
Integration_Inklusion.pdf
 [Zugriff am 18.08.2014]

inklusion-schule
http://www.inklusion-schule.info/inklusion/integration-und-inklusion.html
[Zugriff am 19.08.2014]

lwl- Landschaftsverband Westfalen Lippe
 https://www.lwl.org/lja-download/datei-download-
schulen/UN_Konvention_fuer_die_Rechte_von_Menschen_mit_Behinderungen_Ink
lusion/Inklusive_Beschulung/Tagungsdoku/1288330256_0/UN-
Konvention_Artikel_24.pdf
[Zugriff am 17.08.2014]

mk - niedersachsen
http://www.mk.niedersachsen.de/download/66896/Einfuehrung_der_inklusiven_Sch
ule_-_Hinweise_fuer_die_kommunalen_Schultraeger_Stand_27.11.2012.pdf
[Zugriff am 19.08.2014]